Lore Treder

Genial einfach Töpfern

Viele Menschen fühlen sich von Keramik angezogen und träumen davon, die uralte Kunst des Töpferns einmal selbst auszuprobieren. Dieses Buch will anregen und Wege aufzeigen, auf denen auch der Laie zu eindrucksvollen Keramiken kommt. Es fasst zusammen, was in den drei Einzelpublikationen der Reihe „Genial einfach Töpfern" bereits zu lesen war.

Inhaltsverzeichnis

Impressum	4
Vorwort	5
Der Arbeitsplatz	6
Haushalt voller Töpferwerkzeuge	9
Ein Wort zu den Glasuren	10
Der Ofen	11
Hauen – Schlagen	12
Der Effekt	14
Was ich benötige	16
Die Technik	18
Stechen – Schneiden	20
Der Effekt	22
Werkzeuge	24
Die Freihandkugel	26
Wissenswertes	27
Wulsten	28
Der Effekt	30
Werkzeuge	32
Hautpflege nicht vergessen!	33
Die Technik	34
Reiben	36
Der Effekt	38
Ziel: Funktionalität	40
Reibeformen selbst herstellen	42
Die Technik	44
Schlicker – der Klebstoff	45
Wissenswertes	50
Kräuter einrollen	52
Der Effekt	54
Was ich benötige	56
Einfach wie Kartoffeldruck	57
Vieles ist als „Stempel" tauglich	58
Kontrast durch Oxide	59
Wissenswertes	60
Blätter – Formen und Strukturen	62
Der Effekt	64
Welche sind geeignet?	66
Konturen schneiden	68
Wissenswertes	70
Früchte nachformen	72
Vor der Frucht die Blüte	74
Beispiel Kürbis	76
Lustige Halloween-Parade	77
Leser stellen ihre Arbeiten vor	78
Figürliches	80
Ersatz-Gartenzwerge	84
Igel und Kröten	86
Das eigene Projekt – Beispiel Pferd	88
Das Wesentliche finden	92
Töpfern mit Kindern	94
Accessoires für die Fassade................	96
Hausnummer, Namensschild	
Wandrelief	98
In den Putz einarbeiten	100
Bauschäden vermeiden!	100
So werden Tonplatten gleichmäßig	
stark	102
Wenn die Fischgräte recht elegant	
daher kommt	102
Gartenkeramik	104
Das Ohrkneiferhaus	106
Ein Männlein steht im Blumenbeet ...	107
Für unsere Piepmätze	108

Nistkasten	110
Scherbenstrauß und Blüten	111
🟠 Saatmarkiertafeln	112
Gießformen selbst herstellen 🕯	114
Wissenswertes 🕯	116
Das Auge isst mit – Nützliches für Stube und Küche	118
Eierbecher – auch für Zweieieresser	120
Die Freihandkanne	122
Das Schilischotenfächerschälchen	123
Die Blumenvasenschale	124
Blumenübertöpfe	126
Fensterbrettkeramik	128
Seifenschälchen	131
Lämmer und Küken	132
Osterhasies	134
🟠 Keramik-Eier	136
Weihnachts- und Winterkeramik	138
Das Lebkuchenhaus	140
. . . ach ja! Der Leuchtturm	142

Falls Sie wirklich ganz neu in diesem Metier 🕯 sind, empfehlen wir Ihnen einen Einstieg über die Lektüre der so gekennzeichneten Seiten. Hier werden Sie Wissenswertes finden, was Ihnen das Verständnis vieler anderer Sachverhalte erleichtert.

Auf den so gekennzeichneten Seiten finden Sie 🟠 Tipps, die Sie verallgemeinern, d.h. auch für andere Arbeiten nutzen können.

Jeden Schritt durchdenken — Praxis Tipp

Impressum

Edition Treder und Treder
Inhaber: Achim Treder

18055 Rostock, Edith-Lindenberg-Straße 46 (Copyright ©)
E-Mail: edition@trederundtreder.de; Tel.: +49.(0)381.120 19 89
www.trederundtreder.de

Grafische Unterstützung: Marion Janski;
Fotos (wenn nicht anders gekennzeichnet): Lore, Reike und Achim Treder

Alle Rechte an den Texten und Fotos beim Verlag und den Autoren.

Kein Teil dieser Publikation darf in irgendeiner Form
ohne schriftliche Genehmigung der Rechte-Inhaber kommerziell
reproduziert, gespeichert, vervielfältigt, verbreitet
oder anderweitig publizistisch genutzt werden.

Gedruckt in der Europäischen Union: Print House DB, Sofia
5. Auflage, 2014
(1. Hardcover-Auflage)

ISBN 978-3-943642-85-8

Auf ein Wort

Liebe Leserinnen und Leser. Wir – mein Mann und ich – freuen uns, dass Sie sich für dieses Buch entschieden haben, und wir versichern Ihnen, dass die Leidenschaft am Töpfern das Hauptmotiv war, das uns zu dieser Arbeit beflügelte. Wir haben bereits drei Einzelpublikationen unter dem Leitmotiv „Genial einfach Töpfern" herausgegeben und danach von vielen Lesern ausgesprochen freundliche Resonanz erfahren. Dabei hörten und lasen wir immer wieder den Vorschlag, die drei Einzel-Titel in einem zusammenzufassen. Dies ist mit der Herausgabe dieses Buches geschehen.

Bei der Suche nach einer inneren Logik unserer Publikationen haben wir für die Erklärungen ganz bewusst auf die durchgehende Schritt-für-Schritt-Methode verzichtet. Denn wir meinen, dass viele Sachverhalte durch ausreichende Illustration selbsterklärend sind. Dort, wo wir für Anfänger Tücken im Detail vermuten, haben wir uns für etwas ausführlichere Erläuterungen entschieden. Da, wo nur das Verinnerlichen des Grundsätzlichen notwendig erscheint, haben wir es zugunsten der Vielfalt in diesem Buch dabei belassen. In jedem Fall sollten Sie aber die Begleittexte lesen, denn Sie enthalten trotz des Plaudertones auch manchen Tipp.

Im Wesentlichen behandelt dieses Buch Töpferarbeiten, die in der Aufbautechnik und angrenzenden Techniken entstanden. Weil wir in einigen Fällen auch die Gießtechnik zur Hilfe nehmen, sind wir aber beispielsweise auf die Herstellung von Gießformen eingegangen. Wenn auch nur knapp.

Dieses Buch will und kann, wie seine drei Basis-Titel, kein Lehrbuch sein. Es soll weniger an*leiten* als vielmehr an*regen* und Mut machen, es einfach zu probieren. Viel Spaß bei der Lektüre.

Ihre Lore Treder

Ich empfehle das Töpfern als seelischen Ausgleich und zur Entspannung.

Dabei ist es unerheblich, ob die Freude am Töpfern allein oder in der Gemeinschaft gepflegt wird. Ich tüftle gern in meiner kleinen Werkstatt an neuen Formen, hole mir in der Gemeinschaft Gleichgesinnter aber auch regelmäßig neue Anregungen.

Ein herzliches Dankeschön an meine Töpferfreundinnen Regina Kordt und Astrid Grundner sowie Frau Marion Westphal und Rosemarie Zaulich, die mich unterstützten.

Einfach anfangen
Ein Arbeitsplatz findet sich auch in Ihren vier Wänden

So oder ähnlich könnte Ihr erster Töpfer-Arbeitsplatz aussehen. Wichtig ist eine gute Beleuchtung – und bei Tageslicht die Möglichkeit abzudunkeln bzw. direkte Sonneneinstrahlung zu vermeiden. Ein fester Tisch, ein Stuhl, möglichst auch ein Beistelltischchen oder eine andere Ablagemöglichkeit. Vielleicht noch eine geeignete Lampe als Arbeitsplatzleuchte – und schon kann es losgehen. Auf Werkzeuge und Hilfsmittel gehen wir auf den nächsten Seiten näher ein.

Der Tonabschneider hilft uns beim Portionieren des großen Batzens.

Einfach anfangen

Die Technik des Hauens (oder Schlagens; ab Seite 12) gehört – wie auch die anderen, in diesem Buch erläuterten Techniken – zu den geeigneten Mitteln und Methoden, sich dem Töpfern schnell und qualifiziert zuzuwenden. Sie benötigen nur wenig mehr dazu als den Ton, aus dem Ihre Produkte letztlich sind.

In vielen Orten haben Sie die Möglichkeit, sich einem Kreis von Gleichgesinnten anzuschließen. Von Volkshochschulen bis hin zu gewerblichen Einrichtungen gibt es viele Anbieter, die komplette Kurse oder einzelne Dienstleistungen anbieten.

In der Gemeinschaft macht das Töpfern viel mehr Spaß als im stillen Kämmerlein. Dennoch können Sie sich natürlich auch entschließen, einfach zu Hause mit dem Töpfern zu beginnen. Oftmals bieten jene, bei denen Sie einen Kurs belegen können, für ein kleines Entgelt an, Ihre Kunstwerke in ihrem Ofen mitbrennen zu lassen.

Sie selbst benötigen eigentlich nur einen geeigneten Arbeitsplatz. Der kann in der Küche, im Keller, im

Vieles ist schon da   Was sich für Kuchenteig eignet, eignet sich auch für Ton

Hauswirtschaftsraum sein. Wir töpfern gern auch im Sommer auf der Terrasse. Hierbei besteht allerdings die Gefahr, dass der Ton bei sommerlichen Temperaturen extrem schnell trocknet. Doch für diesen Prozess entwickeln Sie schon bald ein Gefühl.

Der Arbeitsplatz sollte einige wenige Anforderungen erfüllen. Der Tisch, auf dem Sie töpfern, sollte fest stehen. Und Sie sollten auch auf eine gute Beleuchtung achten.

Als Unterlage haben sich verschiedene Materialien bewährt. Viele Arbeiten können direkt auf der Tischplatte erledigt werden. Bei einigen Arbeitsgängen macht es sich gut, den Ton auf einem Tuch zu formen. Sollten Sie ein altes Laken übrig haben, können Sie sich schon mal vorrätig einige Tücher zurecht schneiden, die Sie für unterschiedliche Zwecke immer wieder mal benötigen werden.

Gute Eigenschaften als Unterlage hat auch Gipskarton. Sollte ein Trockenbauer in Ihrer Umgebung zugange sein, fragen Sie ihn nach Resten. Doch auch eine neue Platte aus dem Baumarkt ist durchaus erschwinglich.

Haushalt ist voller Töpferwerkzeuge

So, wie sich der Küchentisch als idealer Arbeitsplatz fürs Töpfern anbietet, so werden Sie in Ihrem Haushalt viele nützliche Dinge entdecken, die Sie zwar für andere Verwendungen angeschafft haben, die sich aber auch fürs Töpfern gut nutzen lassen.

Natürlich bieten Künstlerbedarf- und andere Spezialgeschäfte allerlei Nützliches an, was eigens fürs Töpfern erdacht und hergestellt wurde. Und Sie werden sich nach und nach auch die eine oder andere Hilfe von dort besorgen. Doch es geht am Anfang auch mit einer Minimalausstattung.

Zum Bearbeiten des Tones eignet sich unter anderem alles, was sich auch zum Bearbeiten von Kuchenteigen eignet: Die Teigrolle, die Plätzchenformen, das Teigmesser. Um Feinheiten in den Ton zu formen, haben sich immer auch angespitzte Hölzer bewährt – uns hat sogar mal unsere Zahnärztin mit ihrem ausrangierten Werkzeug beglückt. Es funktioniert toll.

Glasuren

Ein Wort zu den Glasuren

Auch echte Glasscherben können mit eingeschmolzen werden.

Der Markt des Töpferzubehörs scheint unerschöpflich. Besonders groß ist die Vielfalt der Glasuren, auf die Sie zurückgreifen können. Erst die Glasur gibt vielen Keramiken ihr Endaussehen.

Die Glasuren schaffen eine gläserne Oberfläche. Sie veredeln die Keramik optisch und tragen darüber hinaus auch zur Stabilität und zur Dichtheit bei.

Wenn Sie sich einer Gemeinschaft anschließen, werden Sie ein mehr oder weniger umfangreiches Sortiment an Glasuren vorfinden. Sollten Sie selbst Glasuren kaufen, dann wählen Sie bitte nicht allein nach der künftigen Farbe und Oberflächenwirkung.

Insbesondere bei Ess- und Trinkgeschirr ist die Lebensmitteltauglichkeit das wichtigste Kriterium. Einige Glasuren beinhalten giftige Schwermetalle. Die Hersteller machen auf die Lebensmitteltauglichkeit aufmerksam.

Unterschiedliche Glasuren können auch unterschiedliche Temperaturen im Brennofen erfordern.

Die beiden Tafeln oben: Die einzelnen Glasuren wirken auf hellem und dunklem Ton unterschiedlich.

Der Ofen

Der für einen Schrühbrand bestückte Ofen einer Keramikschule. Oben: Hilfsmittel zum Bestücken.

Bevor Sie sich selbst einen Ofen anschaffen, werden Sie sicher den Brennservice eines entsprechenden Anbieters nutzen. Schauen Sie sich dort aber einmal genau um und lassen Sie sich erklären, was beim Brennen zu beachten ist. Für viele Fragen und Probleme werden Sie so leichter Verständnis entwickeln.

Hauen
Geschlagener Ton verzaubert durch bizarre Oberflächenstrukturen

Hauen – Schlagen
Der Effekt

Das moderne Fernsehgerät unter einem Jahrhunderte alten, behauenen Eichenbalken. Die geschmackvoll gestylten Fingernägel einer eleganten Hand berühren zart morsches, wurmstichiges Holz. Moderne Glasformen – und in ihrer Mitte ein uraltes, angeschlagenes Stück. Solche Kontraste schaffen immer wieder eine bezaubernde Spannung.

Keramik an sich ist bereits geeignet, solchen Situationen das i-Tüpfelchen aufzusetzen. Eine handgemachte Vase innerhalb eines modernen Arrangements – und schon scheint Lebendigkeit einzuziehen. Hat diese Keramik dazu noch eine Oberfläche, die an das alte Stück Holz, an die grob strukturierte Borke, an natürliche Oberfächeneffekte anknüpft, kann sich kaum jemand dem Reiz so einer Komposition entziehen.

Kaum eine Töpfertechnik ist geeigneter, diese Wirkung herbeizuführen, als die des Hauens und Schlagens.

Hauen – Schlagen Der Effekt

Hauen und Schlagen von Ton für die Herausbildung von Oberflächenstrukturen kann zu sehr unterschiedlichen Resultaten führen. Das Endergebnis kann an Baumborke erinnern, an splitterndes Holz, auch an zersprungene oder zerkratzte Materialien.

Mit einiger Übung haben Sie es selbst in der Hand, wie grob oder fein, wie regelmäßig oder unregelmäßig oder wie auffallend beziehungsweise dezent die Oberflächenstruktur Ihrer Keramik wirkt.

Die Kombination dieser Technik der Oberflächenbehandlung mit verschiedenen Glasur- und Farbgestaltungsmöglichkeiten macht die Vielfalt dessen, was Sie sich zum Ziel setzen können, quasi schier unendlich.

Die Technik des Hauens und Schlagens eignet sich gleichermaßen für Einsteiger wie auch für fortgeschrittene Keramiker. Die so entstehenden Oberflächen, mit der Gesamtform und den Farben des Endproduktes stilvoll kombiniert, können kleine Kunstwerke entstehen lassen, die hohen Ansprüchen genügen.

Was ich benötige

Im Fachhandel finden wir auch spezielle Schlaghölzer, die sich insbesondere zum Glätten von Tonoberflächen eignen.

Zum Hauen und Schlagen kommen verschiedene Hölzer zum Einsatz. Das Trägerholz kann beispielsweise ein Rund- oder Kantholz sein, dessen Durchmesser beziehungsweise Kantenmaß zwischen vier und zehn Zentimeter beträgt. Auch kleinere und größere Abmessungen sind geeignet. Das Trägerholz muss in seiner Länge mindestens die Höhe der Keramik messen – plus eine Länge, die zum Anfassen dient. Plus eine gute Handbreite also.

Ein zweites Holz, das zum Schlagen – quasi als Schläger – benötigt wird, muss gut manövriert werden können, sollte mindestens ebenso lang wie das Trägerholz und eher eine stabile, spitzkantige Leiste von ein bis maximal drei Zentimeter Kantenbreite sein.

An die Holzart stellen wir keine großen Ansprüche. Tischlereiabfälle aus Nadel- oder anderem Schnittholz eignen sich durchaus.

Damit der Ton nicht auf dem Trägerholz klebt, wird ein Trenngewebe benötigt, das ein Stück einer alten Damenstrumpfhose sein kann.

Mit den stärkeren Hölzern halten wir den Ton. Sie dienen damit auch dem Vorformen der künftigen Keramik. Schmalere, spitzkantige Leisten benötigen wir zum Schlagen der Oberflächenstruktur.

Hauen und Schlagen als Töpfertechnik ist insbesondere für die Herstellung von Vasen geeignet; bietet sich jedoch auch für die Gestaltung anderer Keramiken an.

Hauen –
Die Technik

Abgesehen davon, dass sich die Technik des Hauens und Schlagens auch mit anderen Techniken, insbesondere Aufbautechniken, kombinieren lässt, sind Vasen die typischsten Produkte, für die diese Technik Anwendung findet.

Als erstes versehen wir das Trägerholz, mit dem weitestgehend die Innenmaße des Gefäßes bestimmt werden, mit einem Trenngewebe. Damenstrumpfhosen eignen sich gut, weil sie kaum eigenes Volumen mit einbringen und Falten im Tonabdruck leicht zu entfernen sind. Der bereitgestellte Tonbatzen wird zunächst mit einer Tonschlinge oder einem Esslöffel etwas ausgehöhlt. Danach stülpen wir ihn über das Trägerholz mit Gewebeüberzug. Wir dringen quasi mit dem Trägerholz in den Tonklumpen weiter ein und verformen diesen, in dem wir den Ton am Trägerholz soweit entlang streifen, bis wir etwa die Höhe unserer Keramik erreicht haben. Beachten Sie, dass unsere Keramik einen etwa einen Zentimeter starken Boden benötigt.

An dieser Stelle formen wir bereits grob das Endprodukt. Stampfen Sie das Ganze

auf Ihre Arbeitsunterlage! Damit legen Sie den Grundstein für die spätere Standfläche.

Während und nach dem Schlagen werden Sie wiederholt an der Grundform arbeiten müssen; sie mehrfach zurückholen oder korrigieren.

Für das eigentliche Hauen und Schlagen halten Sie Ihr Trägerholz mit dem Ton (fest und kontrolliert) in der Linken, während Sie mit dem Schlagholz in der Rechten gleichmäßig auf den weichen Ton einschlagen. Linkshänder natürlich umgekehrt.

Die einfachste Variante ist der gleichmäßige Schlag, möglichst immer mit der selben Schlagkraft und in der selben Richtung, bis die gesamte Oberfläche mit dem so entstehenden Effekt überzogen ist.

Beim Schlagen werden Sie feststellen, dass sich das Innenmaß des Gefäßes langsam vergrößert. Dieser Effekt ist nicht zu vermeiden, lässt sich jedoch beherrschen. Ein Wiederzurückdrängen des sich vergrößernden Innenmaßes ist durch vorsichtiges und gleichmäßiges Drücken möglich. Mit ein wenig Übung werden Sie dieses Phänomen schnell unter Kontrolle haben.

Die Tonschlinge in Aktion.

Praxis Tipp — Jeden Schritt durchdenken

Stechen

Veredeln Sie Ihre Formen auf einfache Weise, indem Sie Muster und Schriftzüge in die Oberfläche schneiden

Stechen – Schneiden
Der Effekt

Einfache Keramiken erhalten ihren ganz eigenen Glanz, indem sie auf einfache Weise verziert werden. In die Oberfläche geschnittene Muster oder interessante Konturen lassen uns unter Umständen sogar an feines Porzellan erinnern.

Gern genutzt wird diese Technologie bei der Fertigung von Windlichtern. Mit geschnittenen Inschriften sind solche Keramiken auch immer ein schönes Geschenk zu einem besonderen Anlass. Der Name und der Geburtstag eines Neugeborenen. Ein Schriftzug zu einer Firmengründung – der Möglichkeiten, anderen auf diese Weise eine Freude zu bereiten, gibt es viele.

Ein Klassiker ist auch die Vase, die für jede Blume ein eigenes Loch bereithält. Ähnlich dem Stiftehalter. Doch auch Schalen und andere Behältnisse lassen sich auf diese Weise veredeln. Die Grundkörper können Sie freihand formen oder aber auch mit Gipsform und Gießton fertigen.

Stechen – Schneiden Werkzeuge

Werkzeuge

Die Bezeichnungen der Technik verraten es. Sie können alles gebrauchen, was Löcher und Konturen in Ton schneidet oder sticht. Ein scharfes Kückenmesser eignet sich dabei für einige Arbeiten ebenso gut wie für andere ein hölzerner Zahnstocher.

Im Künstlerbedarfs-Handel finden Sie eine Vielzahl von Modellierschlingen, Lochschneidern und Gravierwerkzeugen. Wenn Sie mal in Ihrem Werkzeugkeller etwas genauer nachschauen, werden Sie sicher zusätzlich noch die eine oder andere Gerätschaft finden, mit der Sie Löcher oder andere Formen in Ihre künftige Keramik geschnitten bekommen.

Sogar der Akkuschrauber mit eingespanntem Holzbohrer eignet sich, um runde Löcher in den Ton zu bekommen. In diesem Fall sollte der Ton jedoch – anders als in den meisten anderen Fällen – weitestgehend getrocknet, bzw. lederhart sein.

Wir benutzen auch gern ausrangiertes Werkzeug unserer Zahnärztin.

Modellierschlingen

Auch brauchbar: Zahnarztwerkzeuge

Lochschneider

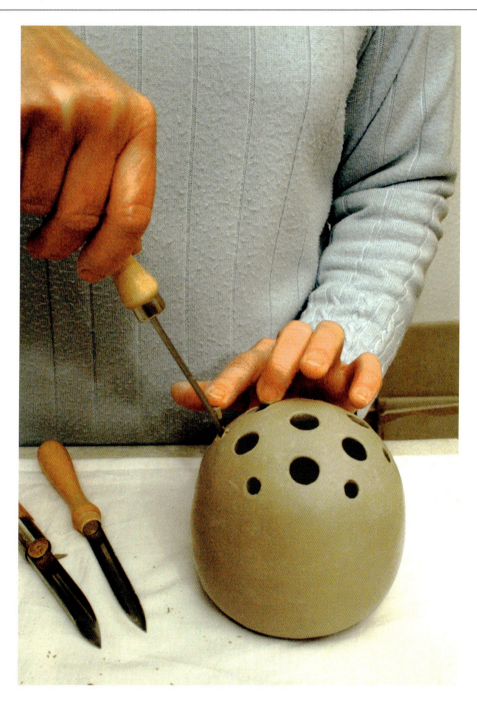

Viel einfacher als vermutet

Gestochen werden meist einfache Grundkörper. Diese lassen sich mittels verschiedener Techniken fertigen. Auch das ab Seite 36 beschriebene Einreiben von Ton in eine Form eignet sich dazu.

Beliebt sind aber auch Rohkörper, die gegossen werden. Im Handel (Künstlerbedarf) werden verschiedene Formen angeboten, die man zur Serienfertigung nutzen kann (siehe auch Formeneigenbau Seite 114). In diese Formen wird ein spezieller Gießton gegossen. Diese Technik wird oft zur Herstellung von Vasen aber auch Teekannen und Ähnlichem genutzt. So vorgefertigte Kugeln werden gern zu Teelichtern u.d.gl. weiterverarbeitet.

Kugelartige Grundkörper können jedoch auch in der Freihandtechnik hergestellt werden. Dies wollen wir auf der nächsten Seite etwas näher beschreiben. Kugeln, die so entstehen, werden für die vielfältigsten Keramiken – gern auch für Tier- und Fantasiemotive – als Grundform verwendet.

Die Freihandkugel

Freihandkugel

Voluminöse Keramiken sind grundsätzlich innen hohl. Dies spart Ton und verhindert, dass die Formen beim Brennen explodieren – vorausgesetzt, es bleibt ein Loch in der Hülle, aus dem die Luft entweichen kann. Ein Ausgangskörper für viele interessante Keramiken ist die Freihandkugel.

Für unsere Stechtechnik ist sie von Wert, weil sich aus ihr schöne und interessante Vasen fertigen lassen.

Die Fotos auf dieser Seite sprechen für sich. Mittels Daumentechnik formen Sie die Halbkugel vor. Anschließend stülpen Sie die Tonmasse über eine Styroporkugel. Bringen Sie sie auf etwa einen Zentimeter Wandstärke. So fertigen Sie zwei Halbkugeln. Diese schneiden Sie bündig. Mit Schlicker werden beide Hälften miteinander verbunden. Mittels eines weiteren Tonbandes erhöhen Sie Stabilität und Dichtheit der späteren Keramik.

Praxis Tipp – Jeden Schritt durchdenken

Achten Sie beim Zusammenfügen der Einzelteile darauf, dass Sie Lufteinschlüsse vermeiden. Diese würden die Keramik im Ofen sprengen.

Wissenswertes Tipps, Tricks, Grundsätzliches

Keramik ist unentbehrlich
Die Herstellung von Keramik begleitet die Menschheit über Jahrtausende in fast allen Kulturen. Vor 24 000 Jahren wurden die ältesten Keramikfunde gebrannt. Ohne keramische Hitzeschutzkacheln kommen die modernen Raumgleiter (Space Shuttles) nicht sicher zur Erde zurück.

Gebrannter Ton
Ton als Ausgangsstoff für die Keramikherstellung in unserem Sinne ist ein verwittertes Produkt der Natur, das auf Feldspat und ähnliche Mineralien zurückgeht. Er wird mittels verschiedener Techniken bei Raumtemperatur geformt und bei Temperaturen oberhalb 900 °C dauerhaft gehärtet.

Schamotte
Schamotte (im Sinne der Töpferei) sind fein gemahlene, bereits gebrannte Keramikscherben, die dem Ton zugegeben werden, um bestimmte Eigenschaften auszuprägen. Schamotte im Ton erleichtern die Spannungsaufnahme, die beim Trocknungs- und Brennprozess bewältigt werden muss.

Zweimal brennen
Die Keramiken, um die es sich in diesem Buch dreht, werden zweimal gebrannt. Der erste Brand (Schrühbrand, Rohbrand, Vorbrand, Biskuidbrand) festigt die Keramik. Der Ton ist anschließend nicht mehr wasserlöslich. Die danach aufgetragenen Glasuren werden im Glasurbrand fixiert.

Was im Ofen passiert
Bei 100 °C gibt der Ton das Restwasser frei. Ab 200 °C ist der Ton nicht mehr wasserlöslich. Bis 1000 °C werden weitere flüchtige Bestandteile ausgetrieben, es finden verschiedene Prozesse statt. Kristalle verschmelzen an den Korngrenzen, glasige Anteile verkitten sie miteinander.

Wulsten

Fertigen Sie dekorative Gebrauchskeramik durch Zusammenfügen von Ton „Würsten" und einfachen Accessoires

Wulsten
Der Effekt

Vielleicht haben Sie auch schon einmal eine Hobbytöpferschau besucht, die von Schülern bestückt wurde. In solchen Ausstellungen stechen oft die „Würstchen"behältnisse ins Auge.

Für viele werden diese „Würstchen"behältnisse mit den allerersten Versuchen in Verbindung gebracht – und in vielen Fällen ist es die Wulsttechnik auch. Sie ist einfach zu erlernen. Fehler kann man dabei kaum machen.

Wird sie gewissenhaft umgesetzt, dann können durchaus auch Keramiken auf diese Weise entstehen, die dem Betrachter Respekt abfordern. Obstschalen, Stiftebecher, Übertöpfe – gewulstete Gefäße sind überall da einsetzbar, wo es nicht darauf ankommt, Flüssigkeiten zu halten.

Gewulstete Keramiken entstehen durch einfaches Übereinanderschichten von Ton„würstchen". Wichtig ist hier, dass der Ton klebt, also feucht genug ist. Nachgeholfen wird mit Schlicker.

Wulsten Der Effekt

Wulsten Werkzeuge aus dem Haushalt

Werkzeuge

Wir kommen an anderer Stelle noch öfter auf das Thema. Töpferwerkzeuge gibt es in unüberschaubarer Vielfalt im Künstlerbedarf-Fachhandel. Vieles von dem ist genial entwickelt worden. Einiges jedoch kann – besonders beim Einstieg in dieses Hobby – aber auch durch Werkzeuge ersetzt werden, die in jedem normalen Haushalt zu finden sind.

Speziell zum Wulsten benötigen Sie neben einer ordentlichen Arbeitsunterlage nicht mehr als den Töpferton und eventuell noch einen Kamm, mit dem Sie die Berührungsflächen aufrauen, die Sie mit Schlicker (Seite 45) verbinden wollen. Für den Schlicker benötigen Sie u.U. einen Pinsel. Sie können ihn aber auch mit anderen Hilfsmitteln auftragen.

Als Arbeitsunterlage eignen sich eine Gipskartonplatte und ein Tuch.

Ein Tischkarussell erspart das ständige Drehen und Umsetzen Ihrer Arbeit. Aus einem Korken und einer Stopfnadel entsteht ein Multifunktionswerkzeug.

Handarbeit Hautpflege nicht vergessen!

Bei allen hier beschriebenen Techniken werden Sie intensiven Hautkontakt zum Ton haben. Das Naturmaterial ist in aller Regel verträglich. Aufgrund seiner teils sehr harten Bestandteile sollten Sie auf eine Hautpflege nach der Arbeit nicht verzichten.

Wulsten ist die Technik, die wie keine andere ohne Spezialwerkzeuge auskommt.

Wulsten
Die Technik

In Wulsttechnik entstandene Keramiken verraten ihre Herstellung auf den ersten Blick. Sie benötigen nicht mehr als eine Grundplatte, auf die Sie nacheinander Tonstränge schichten. Dies können sowohl handgerollte Tonröllchen sein als auch geschnittene Stränge. Die Länge der einzelnen Stücke ist unerheblich. Ist ein Strang verarbeitet, wird der nächste angesetzt.

Ist der Ton sehr feucht, dann hält das Gefüge schon fast von allein. Ein wenig Druck – und beim Brennen gehen die Wulstlagen eine feste Verbindung miteinander ein.

Besser ist es jedoch, die Lagen mittels Schlicker (s. S. 45) miteinander zu verbinden. Wenn Sie außerdem die Fugen von innen sauber verputzen, ist eine hohe Stabilität gesichert.

Blumen-Übertöpfe verputzen Sie von innen im unteren Bereich am besten großzügig. Dies ist die Gewähr dafür, dass stehendes Blumenwasser nicht durch den Boden hindurch sickert.

Beim Schlickern sollten sie die Verbindungsflächen vorher aufrauen.

Praxis Tipp — Jeden Schritt durchdenken

Eine Grundplatte fertigen Sie am besten auf diese Weise. Viel mehr benötigen Sie zum Wulsten auch nicht.

Reiben

Durch eine einfache Einreibetechnik fertigen Sie unverwechselbares Geschirr

Reiben
Der Effekt

Kennen Sie das nicht auch? Ein Glas, eine Tasse wird zum Lieblingsglas, zur Lieblingstasse. Sie werden von so etwas wie einer Aura umgeben. Von etwas, was nicht wirklich da ist, was sich aber irgendwie mit dem guten Stück verbunden zu haben scheint. Gedanklich. Die letzte Tasse aus Großmutters Service, mit dem sich Erinnerungen verbinden. Ein Stück, auf dem Flohmarkt erworben; von dem man meint, es wär' das letzte einer längst nicht mehr aufgelegten Serie. Und manchmal ist es auch nur die liebenswert zersprungene Glasur der zu oft schon benutzten Keramik.

Mittels Reibetechnik lassen sich genau solche Stücke selbst herstellen, von denen man schnell meint, dass sie einzigartig sind. Und sie sind es ja auch tatsächlich.

Stellen Sie Ihr eigenes Geschirr her! Es ist alltagstauglich und jederzeit auch vorzeigbar. Man sieht den Stücken die Leidenschaft, mit der sie hergestellt wurden, an. Alles, was sie benötigen, ist eine Form und der Mut, es einfach einmal auszuprobieren.

Alles, was Sie an speziellen Hilfsmitteln für die Reibetechnik benötigen, sind Formen, die Sie leicht selbst fertigen können.

Die Formen sind Gipsabdrücke industriell gefertigter Gefäße. In sie hinein wird der Ton gerieben.

Ziel: Funktionalität

Ganz sicher können Sie sich bei der Herstellung eigenen Geschirrs auf vielfältige Weise selbst verwirklichen. Einige wenige Dinge sollten Sie jedoch beachten.

Standsicherheit

Ihre Tasse, Ihr Teller sollte sicher stehen. Eine halbrunde, eine gewölbte Form zum Stehen zu bringen, dazu bedarf es eigentlich nur, die Wölbung im unteren Bereich abzuflachen, den Boden „platt zu machen".

Besser ist in jedem Fall jedoch ein Stehrand, wie ihn professionell gefertigte Gefäße fast immer haben.

Unter einen Teller, der vielleicht aus einer einfachen Tonplatte mit leicht nach oben gestellten Rändern entstehen kann, reichte es eigentlich, einen Wulst unterzubringen. Er bringt bei einigermaßen genauem Arbeiten die erforderliche Standsicherheit.

Um dieses Problem zu lösen, bietet sich aber geradezu die Reibetechnik an. Sie benötigt lediglich eine Form, die aus Gips leicht selbst zu fertigen

ist. Als Ausgangsform eignet sich ein industriell gefertigtes Gefäß, das den Stehrand in aller Regel schon mitbringt.

Stapelfähigkeit

Soll mein selbst gefertigtes Geschirr alltagstauglich sein, dann sollte es auch stapelfähig sein. Nicht alle Formen bedienen diesen Wunsch gleichermaßen.

Ein gutes Stück weiter sind wir jedoch in dieser Hinsicht, wenn unsere kleine Serie wenigstens im Grundkörper der Gebrauchskeramik gleiche (oder fast gleiche) Maße hat.

Auch aus diesem Blickwinkel bietet sich die Reibetechnik regelrecht an.

Dichtheit

Selbst gefertigte Gefäße sollen natürlich auch dicht sein. Tassen beispielsweise werden gern auch in einfacher Aufbautechnik gefertigt. Zuerst wird dabei der Boden ausgeschnitten, und anschließend die „Wand" darauf gestellt. Zwischen Boden und Wand ist eine sensible Naht zu bewältigen, und in der Wand selbst in aller Regel auch.

Das entfällt bei der Reibetechnik; das Gefäß entsteht sozusagen in einem Stück.

Formen selbst herstellen

Die Form für Ihre künftigen Teller und Tassen fertigen Sie am besten selbst an. Sie benötigen ein Behältnis, das deutlich größer ist als Ihre künftige Keramik. Dieses Gefäß füllen Sie mit geschmeidig angerührtem halbflüssigen Gips. In diesen Gips drücken Sie ihre Ausgangsform hinein. Wichtig ist, dass keine Luftblasen an der Oberfläche der Ausgangskeramik eingeschlossen werden.

Bei der Auswahl der Ausgangsform sollten ein paar Kleinigkeiten beachtet werden. Grundsätzlich eignen sich für Tassen keine Tassen zur Formherstellung. Der Tassenhenkel wird an den eingeriebenen Grundkörper, am Gefäß, nachträglich angesetzt.

Beachten Sie bei der Auswahl der Ausgangsform bitte auch, dass Ihre Keramik im Laufe

Links sehen Sie eine selbst gefertigte Tasse mit ihrer Ausgangsform, einem schlichten Blumen-Übertopf. Oben können Sie deutlich erkennen, wie die Ausgangsform im Gips den Stehrand prägte. Sollten Sie Ihre Initialen in den Gips ritzen wollen, denken Sie daran, dies in gespiegelter Schrift zu tun.

Der Fantasie setzt die Einreibetechnik keine Grenzen. Beliebt ist auch Gebrauchskeramik als Tischschmuck, die im normalen Handel eher selten zu finden ist. Hier sind aus ein und der selben Form, die mittels eines Blumen-Steckmasse-Ringes entstand, zwei völlig verschiedene Keramiken entstanden. In Aufbautechnik erweitert, ist zum einen ein Vielfächer-Geschirr entstanden. Zum anderen ein Kranz, der Blumen, Kerzen oder andere Accessoires aufnehmen kann.

des Fertigungsprozesses schrumpft. Bereits beim Austrocknen des Tons wird Ihr Produkt deutlich kleiner. Sie werden dies schnell bemerken und auch schätzen lernen. Denn so löst sich der Ton bereits nach relativ kurzer Zeit beispielsweise von Ihrer Tassenform. Im Brennofen verliert Ihre Keramik noch einmal an Größe.

Wie stark Ihre Tassen und Teller tatsächlich schrumpfen, hängt von mehreren Faktoren ab. Erheblich ist der Wassergehalt des Tones, mit dem Sie arbeiten. Ebenso spielt die Temperatur, mit der Ihr Ton gebrannt wird, eine Rolle. Als Faustregel sollten Sie mit zehn bis 15 Prozent Schrumpfung rechnen.

Der Teller oder das Gefäß, das Sie zum Herstellen der Reibeform verwenden, muss also entsprechend größer sein, wenn Ihnen die Größe Ihrer Keramik wichtig ist.

Für Tassen eignen sich kleine Blumen-Übertöpfe und ähnliche Gefäße. Achten Sie auch darauf, dass die Urformen keinen unnötigen Zierrat haben. Er könnte sowohl bei der Formherstellung als auch bei der Entnahme des eingeriebenen Rohlings aus der Form stören. Ebenso sollte die Form leicht konisch sein.

Reiben Die Technik

Praxis Tipp — Jeden Schritt durchdenken

Das Einreiben

Beginnen Sie beim Einreiben des Tones in die Form an einer zentralen Stelle. Sie entwickeln schnell ein Gefühl dafür, wann der Ton tatsächlich an der Innenwand anliegt. Besondere Aufmerksamkeit ist vor allem im Bereich des Stehrandes vonnöten und auch dann, wenn sie eine neue Tonmenge ansetzen müssen, weil Ihre Ausgangsmenge nicht ausreichte.

Tassenhenkel fertigen Sie am besten freihand. Sie formen sie entsprechend der gewünschten Größe und setzen sie mit Schlicker an.

Oben rechts ist zu erkennen, wie sich der Ton durch Schrumpfen von der Form löst. Rechts: Eine einheitliche Höhe lässt sich durch diese Technik erreichen.

Schlicker Der Klebstoff

Schlicker
der „Klebstoff"

Aus völlig getrockneten Tonresten und Wasser fertigen Sie sich selbst einen idealen Klebstoff.

Beim Töpfern werden Sie schnell von allein zu der Erkenntnis kommen, dass sich ausreichend feuchte Tonteile leicht zusammenkleben lassen. In der sogenannten Aufbautechnik ist dieses Zusammenkleben sogar ein Grundelement der Technologie. Dort werden die Produkte in Einzelteilen gefertigt, die später zusammenge„klebt" werden, bevor die Keramik gebrannt wird.

Der Aufbautechnik entlehnt ist quasi das Anbringen des Henkels an die Tasse. Dies geschieht, wenn beide Teile (Gefäßkörper und Henkel) noch ausreichend feucht sind, mittels eines „Klebstoffes", des Schlickers.

Schlicker ist nichts anderes als ein Tonbrei, den Sie selbst herstellen können. Tonreste werden dazu in einem verschließbaren Glas gesammelt und mit Wasser übergossen. Idealerweise sollten die Tonreste knochentrocken sein. Durch die Wasseraufnahme zerfallen die Stücke zu einem Brei. Der Schlicker lässt sich mit einem Pinsel auftragen. Er sollte nicht allzu dünnflüssig gefertigt werden, etwa die Konsistenz von Joghurt haben.

Komplett erst mit Untertasse

Auch wenn der Pott ohne Untertasse in Mode gekommen ist – ein traditionelles Kaffeeservice mit Tassen und Untertassen hat noch immer Charme.

Beim Anfertigen der Untertasse ist das Gleiche zu beachten wie beim Anfertigen der Tasse. Hier eignet sich eine Einreibeform, die mittels eines industriell gefertigten Tellers hergestellt wurde.

Wichtig auch hier: der Stehrand an der Unterseite. Ein Rand auf der Oberseite erhöht die Standsicherheit der Tasse. Er wird mittels eines Wulstes hergestellt, der mithilfe der Tassenurform blasenfrei auf den Teller aufgedrückt wird.

Fürs Flickendekor reiben wir in einer Einreibeform etwa gleich kleine Tonteile aneinander. Die Konturen zeichnen wir vor dem Glasurbrand mit einem Oxid nach.

Mehr zum Thema ab Seite 118

Wissenswertes Tipps, Tricks, Grundsätzliches

Trocknungsstufen

Wir modellieren mit feuchtem Ton. Bevor dieser gebrannt wird, muss er vollkommen ausgetrocknet sein. Dies dauert mehrere Tage. Bis dahin durchläuft er mehrere Trocknungsstufen. Nach etwa einem Tag ist er lederhart – gut geeignet zum Transportieren, aber nicht mehr zum Modellieren.

Oberflächen schmirgeln

Bei vielen Töpferfreunden verpönt, aber praktikabel: Oft entdecken Sie erst nach dem Trocknen unsaubere Oberflächenstellen. Diese können mit feinem Sandpapier geglättet werden (ratsam: Schutzmaske tragen). In jedem Fall aber besser: bereits beim Modellieren sauber arbeiten!

Reiswasser

Undichte Gefäße ärgern sehr. Die Ursachen können vom porösen Töpfergut bis zu unsauberen Nähten reichen. Vielerlei Dichtungsmittel werden in der Literatur beschrieben, und auch der Handel hält einige vor. Viele Keramiker halten für Geschirr Reiswasser für geeignet.

Auf dem Schoß

Steht Ihr Brennofen nicht da, wo Sie modellieren, kann der Transport der getrockneten Rohlinge zu einem Problem werden. Der Transport im lederharten Zustand – und im Auto auf dem Schoß eines Mitfahrers hat schon den Kampf gegen manch Schlagloch gewonnen.

Maßvoll glasieren

Immer wieder Ärger mit stark laufenden Glasuren! Wer sich beim Auftragen der gelösten Glasuren Mühe gibt, wird am Ende durch eine schöne Oberfläche belohnt. Besonders da achtgeben, wo die Gefahr besteht, dass verschiedene Teile verklebt werden (z.B. Kanne und Deckel).

Was sonst noch geht
Zwischenbilanz

Schnell werden Sie erkennen, dass es die reine Technik beim Töpfern kaum gibt. Fast immer wird kombiniert. Und alles, was Sie mit oder ohne Hilfsmittel zu formen vermögen, ist erlaubt. Beim genauer Hinschauen entdecken wir viel mehr Dinge, die auf das Härten von Ton und Ähnlichem zurückgehen, als wir vermuten. Die Badfliese, der Klinker – wo noch vorhanden, die Ofenkachel. Selbst moderne Technik kommt ohne Keramik nicht aus. Sogar Kugel- und Rollenlager laufen in Keramik.

Kräuter einrollern

Gräser, Blätter und Wildblumen hinterlassen gern als Abdrücke ihre Strukturen im Ton

Kräuter einrollen
Der Effekt

Die Kombination einfacher Formen mit dem natürlichen Dekor wild gewachsener Kräuter schreit regelrecht nach der Feststellung: Das ist ein Unikat! Und so ist es auch. Vasen, Schalen, Teller und andere Gebrauchsgegenstände bekommen so – im wahrsten Sinne des Wortes – ihren ganz eigenen Stempel aufgedrückt.

Keramik an sich hat schon oftmals – wenn sie nicht all zu sehr verspielt daherkommt – etwas sehr Ursprüngliches. Die „Stempel"abdrücke der Gräser, Kräuter und Blätter verstärken diesen Eindruck zusätzlich.

Wie üppig oder sparsam diese Gestaltungsmöglichkeit eingesetzt wird, hängt freilich vom Geschmack des Keramikers ab. Möglich ist ein sehr dezenter Einsatz, beispielsweise das Einarbeiten eines einzelnen Ziergrases, ebenso wie ein aufwändiges Arrangement, vergleichbar mit der Gestaltung eines Blumenstraußes.

Bei der Gestaltung solcher Motive wird die Tatsache ausgenutzt, dass nahezu alles, was ein wenig härter ist als der weiche Ton, den wir zum Töpfern benutzen, schnell einen Abdruck in diesem Ton hinterlässt. Nur wenige Vorlagen von der Blumen- und Wildkräuterwiese sind für diese Technik ungeeignet. Beispielsweise wird es kaum gelingen, eine Pusteblume in den weichen Ton einzuarbeiten.

Ebenso problematisch wird es werden, eine voluminöse Blumenblüte, beispielsweise die Blüte einer Rose, in den Ton einzuarbeiten. Doch eine winzige, noch feste, sich gerade öffnende Knospe kann auch das Rosenmotiv für diese Technik brauchbar machen. Vorausgesetzt, Sie arbeiten mit ausreichend dickem Ton.

Allerdings favorisiere ich grundsätzlich Wildkräuter. Sie haben in der Regel nicht allzu dicke Bestandteile. Sehr gut eignen sich unter anderem Hasenklee, Breit- und Spitzwegerich, die Süßdolde sowie einige Getreidearten. Auch stoße ich bei der Suche nach geeigneten Materialien immer wieder gern aufs Pfeifengras und andere Gräser.

Kräuter einrollen — Was ich benötige

Was ich benötige

Neben dem Ton benötigen Sie einige Werkzeuge und Hilfsmittel sowie die Vorlagen, die Sie als Motive in die Oberflächen Ihrer künftigen Keramiken einarbeiten wollen. Wir besprechen hier Gefäßformen, wie Vasen und Schalen.

Da diese Vasen vorzugsweise aus einem kompakten Tonbatzen gefertigt werden, benötigen Sie dafür ein Trägerholz, das mit einem Strumpfhosengewebe als Trennmittel bespannt ist. Auf den Seiten 18 und 19 ist hierzu schon einiges erläutert.

Die Tonmasse wird quasi über das Trägerholz „gezogen". Für die Feinarbeit am Grundkörper benötigen Sie noch ein Schlagholz, das ebenfalls mit einem Trenngewebe überzogen werden sollte.

Zum eigentlichen Einrollen eignet sich eine Küchenrolle für Kuchenteig.

Praxis Tipp — Jeden Schritt durchdenken

Als Gegendruckhilfsmittel kann das Trägerholz verwendet werden, das Sie bereits für die Anfertigung der Grundform nutzten.

Einfach wie Kartoffeldruck

Technisch gesehen, ist das Einarbeiten der Kräuter nicht spektakulärer als der Kartoffeldruck, den wir aus unserer Kindheit kennen. Was Sie aber durchaus einbringen können, ist Ihre Kreativität beim Platzieren und Arrangieren der Motive.

Sie werden schnell erkennen, dass wahllos oder einfach gleichmäßig verteilte Kräuter nicht so schön wirken wie solche, deren Zusammenspiel sie ähnlich einem Blumenstrauß entwickeln.

Bringen Sie die Kräuter also in ihre Position, drücken Sie sie leicht mit den Fingern an – ohne freilich Fingerabdrücke zu hinterlassen – und rollern Sie sie anschließend mit leichtem, sehr kontrolliertem Druck ein.

In der hier abgebildeten Vorgehensweise benötigen Sie beim Einrollen über dem Vaseninnenraum gegebenenfalls ein Hilfsmittel für den Gegendruck.

Wenn der Ton lederhart ist, sollten Sie die Gräser mit einer Nadel entfernen. Kleine Faserreste verbrennen im Ofen quasi rückstandslos.

Einrollern anderer Strukturen

Vieles ist als „Stempel" tauglich

Für uns sind in diesem Buch vor allem Naturmaterialien als „Stempel" interessant. Doch wir wollen nicht verschweigen, dass die Technik, um die es auf den letzten Seiten ging, auch mit vielerlei anderen Hilfsmitteln umgesetzt werden kann.

Um ein Muster in eine Keramik zu bekommen, eignet sich alles, was selbst ein Muster beinhaltet und die nötige Festigkeit hat: Knöpfe, Siegel, Butterstempel. Sogar Gewebe, falls es nicht allzu fein ist, kann im Ton schöne Muster hinterlassen. Auch Sackleinen, Netze, in denen Obst verkauft wird, Matten, die zur Verstärkung von Putzen an Gebäuden verwendet werden, und Luftpolsterfolien sind brauchbare „Stempel".

Sorgen Sie dafür, dass vom Betreiben Ihrer getöpferten Kerzenhalter keine Gefahr ausgeht! Ein sicherer Mindestabstand der Flamme zu brennbaren Materialien ist dabei oberstes Gebot.

Hoher Kontrast durch Oxide

Viele der auf den vergangenen Seiten im Bild vorgestellten Beispiele sind optisch durch einen hohen Kontrast gekennzeichnet. Wir haben in die Strukturen, in die Abdrücke, die die Naturmaterialien hinterlassen haben, mit dem Pinsel Eisenoxid gegeben, die restliche Oberfläche von Überläufen gesäubert und mit einer transparenten (farblosen) Glasur versehen.

Wissenswertes   Tipps, Tricks, Grundsätzliches

Keime nicht ausgeschlossen

Unser Ton ist ein Naturprodukt, das im Grunde hautverträglich ist. Dennoch können insbesondere durch die Schamotte im Ton Reizungen auftreten. Ebenso ist nicht auszuschließen, dass der Ton Keime enthält. Hände waschen und einkremen sind als Vorsichtsmaßnahmen unbedingt zu empfehlen.

Auch innen glasieren

Eine Glasur macht eine Keramik zwar nicht zwingend dicht, doch sie kann ihre Dichtheit unterstützen. Gefäße für Flüssigkeiten sollten wir auch von innen glasieren: Die Teile mit flüssiger Glasur füllen, schwenken und wieder leeren. Trocknen lassen, bevor wir außen weiter glasieren!

Tropfkante, Schnaupe

Manche Sahnekännchen oder Teekannen kleckern ständig. Wir können dem begegnen, indem wir an der Unterkante der Tüllen-Öffnung eine Tropfkante vorsehen, eine Schnaupe. Bei tüllenlosen Gefäßen wird einfach die Ausgießstelle etwas geweitet und eine Nase nach unten gezogen.

Marmorieren

Da wir auch den „rohen" Ton in unterschiedlichen Farben bekommen, drängt sich der Gedanke auf, was passiert, wenn wir ihn mischen. Das können wir tun, so lange beide/alle Teile etwa die gleiche Konsistenz haben. Beim vorsichtigen Vermischen entstehen interessante Marmoriereffekte.

Raku – eine Spezialdisziplin

Raku geht auf das Brennen im offenen Feuer zurück und ist inzwischen zu einer hohen Kunst entwickelt worden. Rauch und schnelles Abkühlen des Brenngutes schaffen besondere Effekte. Der Handel bietet vom speziellen Ton über Raku-Glasuren bis hin zum Raku-Ofen die nötigen Zutaten an.

In der Industrie und im Handwerk gibt es vielfach Verpackungshilfen wie diese, die ursprünglich dazu diente, Halbleiterbauelemente zu transportieren und zu lagern. Wir haben sie mit dem Gewebe einer Damenstrumpfhose überspannt und somit ein Trennmittel „aufgebracht". Es verhindert, dass das Strukturmuster im Ton kleben bleibt.

Blätter hauchen Ihrer Keramik Leben ein
Der Effekt

Schalen und Teller, die optisch Blättern gleichen, gehören zu den Klassikern beim Einstieg ins Töpferhandwerk. Sie sind relativ einfach zu fertigen – und sehen am Ende dennoch sehr raffiniert aus. Selbst gestandene Keramiker fertigen sie immer wieder, und auch in vielen Galerien werden Ihnen solcherart Blättergefäße – dann in einer möglicherweise künstlerisch etwas höherwertigen Ausführung – begegnen.

Ton, nach Blattkonturen geschnitten, lässt sich auch in vielerlei Keramiken als Accessoires – beispielsweise in Blumenübertöpfen – einarbeiten.

Bei Blättern sind für uns sowohl die äußeren Konturen als auch die Maserungen, die Blattrippen, interessant. Hobbytöpfer fertigen gern aus Tonresten einfache Blätter, versehen sie mit einem Loch und nutzen sie dann als Vasenschmuck oder Fenstergehänge (Seite 74).

Blätter Welche sind geeignet?

Richtig auswählen
Welche Blätter sind als Vorlage geeignet?

Spontan möchte man die Frage beantworten mit: „Alle Blätter sind geeignet". Formal mag das sogar gar nicht verkehrt sein – wenn man sich ausmalt, wo überall Blatt-Accessoires Anwendung finden könnten. Beim Genauer-Hinsehen werden wir aber feststellen, dass sich die einen Blätter mehr, die anderen weniger eignen.

Wir sollten bei der Auswahl einiges beachten: Zum Ersten sollte uns natürlich die Form gefallen. Allerdings sollten wir diese bereits mit dem späteren Verwendungszweck der Keramik abgleichen. Beispielsweise besteht bei langfingrigen Blättern schnell die Gefahr, dass einzelne Teile schnell abbrechen – ein Problem, falls wir beispielsweise eine Obstschale fertigen, die wir später täglich nutzen wollen.

Zu beachten ist auch die Stärke der Blattrippen. Sie programmieren bei zu dünn ausgerolltem Ton Bruchstellen vor.

Das Blatt des Federmohn ist als Keramikvorlage beliebt, aber grenzwertig. Seine Finger sind bei späterer intensiver Nutzung der Keramik bruchgefährdet.

Obstschale aus einem Federmohn-Blatt fertigen

Ton ausrollen, Blatt drauf, Konturen schneiden

Rollen Sie zuerst ein ausreichend dickes Stück Ton aus. Die Stärke richtet sich zum einen nach dem späteren Verwendungszweck; zum anderen aber auch nach der Maserung und der Größe des Blattes, das Sie als Vorlage benutzen. In unserem Beispiel halte ich eine Tonstärke von zehn Millimeter für angemessen.

Rollen Sie im Anschluss in den feuchten Ton das Blatt ein. In der Regel sind die Rippen des Blattes auf der Rückseite stärker ausgeprägt, so dass diese Rückseite auch auf den Ton aufgelegt werden sollte.

Feuchter Ton lässt sich gut mit einer Nadel schneiden. Schneiden Sie nicht das ganze Blatt auf einmal aus, gehen Sie etappenweise vor.

Achten Sie bei allen Arbeiten, auch beim Ausrollen, darauf, dass Sie Lufteinschlüsse vermeiden. Diese würden die Keramik im Ofen sprengen.

Gute Zutaten: Geduld und geeignete Hilfsmittel

Nach dem zunächst groben Ausschneiden der Blattkontur sollten Sie noch einen „Feinschliff" hinzufügen. Fahren Sie beispielsweise mit einem Finger über die Kontur und brechen Sie dabei die Kanten, die nach dem Brennen recht scharf sein können. Das Blatt entfernen Sie nach einer kurzen Antrockenzeit.

Um unser Tonblatt zu einer Schale werden zu lassen, benötigen wir ein Hilfsmittel, mit dem wir die nötige Wölbung erzielen. Dafür eignet sich jede Schale im Haushalt, die von der Größe her zu unserem Vorhaben passt. Wir sollten diese Hilfsform jedoch mit einem Gewebe auslegen. Es dient dabei als Trennmittel und sorgt dafür, dass der Ton nicht an der Wand der Hilfsschale klebt.

Bewährt haben sich feine Gewebe, etwa solche von Damenstrumpfhosen, aber auch Papier-Küchenrollen oder Frischhaltefolie.

Unbedingt zu beachten ist beim Vorformen unserer späteren Obstschale die Forderung nach einer sicheren Standfläche. Hierfür erfolgt die Weichenstellung bei eben diesem Arbeitsschritt. Sie sollten diese Standfläche durch maßvolles Andrücken des späteren Keramikbodens an den Boden der Hilfsform vorbestimmen. Es wäre schade, wenn ihre schöne Schale später auf dem Tisch wackelt.

Wissenswertes Tipps, Tricks, Grundsätzliches

Eigener Brennofen?

Ein eigener Brennofen bedeutet Unabhängigkeit. Vor dem Kauf sollte aber Folgendes bedacht werden: Kosten der Anschaffung; Größe und Platzbedarf in einem Raum, der beim Brennen nicht anderweitig genutzt wird; Energieversorgung und -kosten; Versicherungsfragen. Gibt es Alternativen?

Verbindungen durchstechen

Bei komplexen Objekten entstehen Tonverbindungen, bei denen Lufteinschlüsse nicht ganz auszuschließen sind. Dem Zerbersten im Ofen kann entgegengewirkt werden, indem die Tonwände im Bereich der Nähte mit einer Nadel nach innen durchstochen werden. Anschließend Außenfläche verreiben.

Sicherheit beachten

Grundsätzlich ist Töpfern eher ungefährlich. Dennoch sollten einige Sicherheitsregeln beachtet werden: Nicht essen beim Glasieren. Staubbildung vermeiden. Tone kommen aus der Natur, können Keime beinhalten. Zusatzstoffe und Bestandteile von Glasuren sind oft gesundheitsgefährlich.

Töpfermuseen

Kein kulturhistorisches Museum ohne Porzellansammlung. Es gibt aber auch richtige Töpfer-/Keramikmuseen, und Anregungen holen, ist nicht verboten: z.B. in Rheinsberg (D/Brandenburg), Stoob (AU/Burgenland), Breitscheid (D/Hessen), Gossau (CH) und viele andere mehr.

Beruf Keramiker

Es gibt verschiedene Möglichkeiten der Berufsausbildung zum Keramiker. Dabei unterscheiden sich die Schwerpunkte: z.B. handwerkliche Keramik, Industriekeramik, Keramikgestaltung, Keramiktechnik, technische Keramik, Keramik als angewandte Kunst. (siehe z.B. www.fs-keramik.de)

Früchte nachformen

Hauchen Sie Tonkugeln Leben ein, indem Sie ihnen beispielsweise das Aussehen von Früchten verleihen

Vor der Frucht die Blüte

Vor der Frucht kommt die Blüte

Auf die Fertigung einer Blüte müssen wir wohl nicht näher eingehen. Wollen wir eine etwas anspruchsvollere, beispielsweise eine Rose formen, dann ist es natürlich vorteilhaft, deren Aufbau zu studieren. Die hier gezeigten Varianten lassen sich leicht freihand formen.

Früchte erinnern meist an Kugeln

Auf der Seite 26 haben wir bereits die Herstellung von Freihandkugeln skizziert. Solche Körper können die Grundlage vieler Früchte sein.

Blätter, Blüten und ähnliche Formen können Holzstäbe oder Schilfrohr in einer Vase dekorieren – oder auch das Fenster schmücken.

Diese Kollektion entstand in einer Freihand-Sitzung.

Diese Rose ziert eine Bonboniere.

Früchte aus Tonkugeln

Früchte Zum Beispiel der Kürbis

Zum Beispiel ein Kürbis

Als Beispiel beschreiben wir mit diesen Fotos die Herstellung eines Halloween-Kürbisses etwas ausführlicher. Eine Kurzanleitung für die Herstellung von Kugeln finden Sie auf der Seite 26.

Im Grunde handelt es sich um nichts anderes als um eine Kugel, der ganz wenige charakteristische Merkmale eines wirklichen Kürbisses gegeben werden – die Furchen, die über den gesamten Fruchtkörper reichen, der Blütenansatz und der Stiel.

Halloween-Kürbisse sollen in der Regel von innen beleuchtet werden. Eine Öffnung zum Platzieren des Lichtes können Sie wahlweise auf der Rückseite vorsehen, oder aber Sie gestalten den Deckel abnehmbar. Achten Sie beim Anbringen des Blattansatzes darauf, dass Sie Lufteinschlüsse vermeiden.

Praxis Tipp — Jeden Schritt durchdenken

Ein getöpferter Halloween-Kürbis ist einem echten fast ebenbürtig. Er hat den Vorteil, dass er nicht matscht und zudem viel länger hält als ein echter.

Lustige Halloween-Parade

Da Halloween ein Fest der Fantasien ist, können Kürbisse und kürbisähnliche Keramiken natürlich gern beliebig von den Vorbildern aus der Natur abweichen.

Leser machen Lesern Mut

Sabrina Erne aus Full in der Schweiz schickte uns Fotos ihrer Vasen in „Schweizer-Käse-Art" zu. Sie hat sich mit Begeisterung darauf spezialisiert.

Leser der Reihe „Genial einfach Töpfern" stellen ihre Arbeiten vor

Diese Beispiele zeigen, wie sich Leser die Inhalte der Einzel-Titel aus der Serie „Genial einfach Töpfern" erschlossen haben.

Als Herausgeber der Reihe sind wir vielfach von Lesern der Bücher kontaktiert worden. An dieser Stelle soll noch einmal auf diese Möglichkeit hingewiesen werden. Gern nehmen wir Hinweise, Lob, Kritik und Fragen zu den aufgeführten Themen entgegen. Am liebsten per E-Mail. E-Mail- und Post-Adresse sind im Impressum auf Seite 4 zu finden.

Für die Erlaubnis, diese Fotos zu veröffentlichen, noch einmal herzlichen Dank.

Mariana Cucnik aus München schrieb uns zu diesem tollen Futterhaus: „Mit dem Töpfern habe ich für mich ein wunderbares Handwerk entdeckt um meiner Kreativität freien Lauf lassen zu können. Ich kann nahezu alles formen und freu' mich sehr über schöne Vorlagen und Anregungen. Und das Beste ist, dass alles Getöpferte immer gut aussieht. Auch wenn's krumm und schief ist; selbst getöpfert, hat es doch großen Charme."

Ellen Ute Sengpiel aus Zierow zu ihren Fotos: „Es macht Spaß, mit den Büchern zu arbeiten, trotzdem bleibt genug Raum, die eigenen Gedanken umzusetzen."

Keramiken unserer Leser

Andrea Schütt aus Hamburg stellt uns hier ihre lustige Katze vor. „Ich töpfere momentan viele Tassen und Teller", schrieb sie uns. „Auch eine Weihnachtskugel mit einem Dorf oben drauf habe ich schon gemacht."

Heide Kandzia aus Thum (Erzgebirge) arbeitet keine Vorlage eins zu eins nach. „Aber mich haben die Bücher vielfach inspiriert", schreibt sie.

Claudia Birkert aus Kupferzell (Baden Württemberg) fertigte diesen schönen Leuchtturm. „Die Ideen in den Büchern sind gut nachzuarbeiten", freut sie sich.

Figürliches Tiere für den Garten und fürs Fensterbrett

Figürliches
Klassiker der Keramik

Fast jeder, der sich dem Töpfern zuwendet, stößt ziemlich gleich am Anfang auf Keramik-Tiere. Sie sind oft mit sehr einfachen Mitteln und auch mit relativ geringem zeitlichen Aufwand herzustellen. Sie finden oft im Garten ihren Platz – als eine Art Ersatzgartenzwerge – oder auf dem Kamin oder auf dem Fensterbrett oder auf der Badewanne oder, oder, oder.

Doch diese vermeintlich einfach herzustellenden Figuren kann der Hobbytöpfer durchaus auch zu höchst anspruchsvollen Kunstwerken entwickeln.

Wir wollen hier lediglich auf einige Möglichkeiten aufmerksam machen und einige nützliche Gesichtspunkte für die Herangehensweise beim Schaffen figürlicher Keramik vermitteln.

Igel, Frösche und Kröten **sind die Gartenzwerge von heute**

Ersatz-Gartenzwerge

Spätestens, wenn Sie mit einem Kind die Welt in Ihrem Garten entdecken – oder auch im Garten der Freunde – dann werden Sie den Wert von kleinen Accessoires erkennen. Über Gartenzwerge mag man denken, was man will – der fünfjährige Steppke findet ihn mit Sicherheit spannend.

Die bunten Zipfelmützen sind in den letzten Jahren aus der Mode gekommen. Ihren Platz nehmen inzwischen keramische Frösche, Kröten, Fische, Igel ein. Die Gartenfachmärkte bieten eine wahre Schwämme der neuzeitlichen Ersatzzwerge an. Von abstrakt bis fotorealistisch. Von simplen Comic-Figuren bis hin zu kleinen Kunstwerken.

Bauen Sie sich diese Gartenfiguren doch einfach selbst! Auf diesen Seiten finden Sie einige Anregungen.

Ausgangsform ist meist eine Halbkugel oder eine Kugel. Unsere kleine Foto-Reihe auf der rechten Seite oben erinnert noch einmal an die schon bekannte Kugelherstellung. Am besten, Sie fertigen die Freihandkugel aus zwei Halbkugeln, die Sie anschließend miteinander

verbinden. Denken Sie bitte daran, eine geschlossene hohle Kugel, am besten unten, mit einem Loch zu versehen. Beim Brand im Ofen entstünde ansonsten ein sehr hoher Druck im Innern, der die Kugel zerbersten würde.

Ein Loch von einem Millimeter ist völlig ausreichend. Sie müssen nur darauf achten, dass Sie es weder beim weiteren Bearbeiten des Rohlings noch beim Glasieren schließen.

Dass es sich unten befindet, ist wichtig, da dort am unwahrscheinlichsten Wasser eindringt – und wenn doch, kann es unten am besten wieder abfließen.

Wasser schadet unter normalen Bedingungen der Gartenkeramik zwar nicht, aber spätestens, wenn sich der erste Frost ankündigt, sollten Sie Ihre Keramik schützen.

Igel und Kröten

Bei Ihren ersten Versuchen für die selbst gefertigte Gartenkeramik sollten Sie sich nicht überfordern. Sammeln Sie Erfahrungen mit Tierkörpern, die nicht viel mehr als eine verzierte Halbkugel sind. Ein minimalistisches und dennoch beeindruckendes Projekt ist der Igel, ein absoluter Klassiker bei den Hobbykeramikern. Halbkugel – dieser eine Spitze formen, die später die Nase darstellt; ein paar Knopfaugen aufgeklebt – die Borsten mittels eines alten Kamms gekratzt. Und schon ist der kleine Knuffi fertig.

Wollen Sie schon hier die nächste Qualitätsstufe anstreben, dann fertigen Sie die Igelborsten mittels einer Knoblauchpresse und tragen Sie diese auf den Körper auf. Geschickt Schlicker eingesetzt, hält der stachelige Panzer im Anschluss auch ordentlich.

Praxis Tipp: Jeden Schritt durchdenken

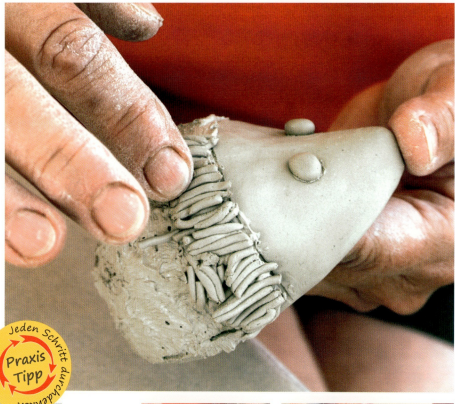

Ganz ähnlich gehen Sie an die Herstellung einer Schildkröte heran. Nehmen Sie wieder die Halbkugel zur Grundlage und bringen Sie die wichtigsten Merkmale an diesen Körper an, die beim Betrachten der Schildkrötenkeramik die Wiedererkennung des Vorbildes aus der Zoohandlung ermöglichen.

Wichtig ist auch hier, dass beim Ansetzen – und gegebenenfalls Anschlickern – von Körperteilen sauber gearbeitet wird und keine Luft eingeschlossen wird.

Für Gartenkeramik, die im Außenbereich steht und damit Wind und Wetter ausgesetzt ist, sei der Hinweis gestattet, so zu arbeiten, dass sich auf der Oberfläche möglichst kein Wasser ansammeln kann. Pfützenbildung führt im Sommer schnell zur Vermoosung. Und im Winter besteht die Gefahr, dass Eisbildung die Keramik zerplatzen lässt.

Wird die Keramik sauber gearbeitet und eine Wasseransammlung auf der Oberfläche ausgeschlossen, so sind Keramiken in der Regel bei normalem Brand frostsicher. Eine hundertprozentige Garantie dafür kann jedoch kaum jemand übernehmen.

Das eigene Projekt Beispiel Pferd

Das eigene Projekt

Irgendwann entdeckt der Hobbykeramiker den Künstler in sich, und es entsteht der Wunsch, nicht nur nach Vorlagen, sondern auf ganz eigenem Weg zu einer besonderen Keramik zu kommen. Warum nicht die eigene Mietzekatze, den eigenen Wuffi, das Pferd des Nachbarn oder die Ziege da draußen, die dort im Sommer immer den Straßenrand abgrast, zum Vorbild nehmen? Warum nicht ihnen mal aufs Maul schauen?

Wir wollen hier im Groben darlegen, wie wir an unser Pferd herangegangen sind.

Nachdem es klar war, dass es ein Pferd werden soll, kam zunächst die Recherche.

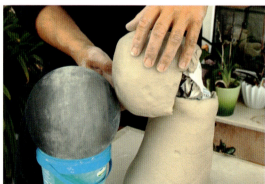

Prägendes

Im Internet sind Fotos unzähliger Ton- und Porzellanpferde zu finden. Witzige Comics und wehende Mähnen auf sehr realistischen Nachformungen. Unser Plan: ein Mix aus beidem.

Es gehört nicht viel Beobachtungsgabe dazu zu erkennen, dass der Pferdekopf dreigeteilt aufgebaut werden kann: Hals, Maul/Gesicht, Hinterkopf.

Als sehr prägend erkannten wir die Nüstern (Nasenöffnungen), die Lippen, Augen- und Wangenwulste. Und natürlich Mähne, Ohren usw. Die eigenen Fotostudien ließen erkennen, dass die Ausformung einzelner Partien sehr unterschiedlich erfolgen kann.

Um den Pferdekopf, der in seiner Höhe als fertige Keramik immerhin 33 Zentimeter misst, stabil zu halten, war es erforderlich, geknäueltes Zeitungspapier

als Stützmaterial zu verwenden. Insgesamt ist die Arbeit an einem so großen, weichen Tonkörper eine neue Herausforderung. Bei entsprechendem Einfühlungsvermögen aber durchaus zu leisten. Nur keine Scheu, auf den ersten Blick unpassende Hilfsmittel einzusetzen!

Immer wieder bewährt hat sich bei größeren und komplexeren Arbeiten auch das Tischkarussell.

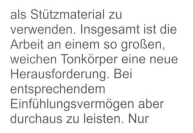

Eher für innen

Schön anzusehen. Doch komplexe Figuren wie unser Pferd eignen sich nur sehr bedingt als Gartenkeramik. Sie sollten ihren Platz lieber im Innern Ihres Zuhauses oder

Ihres Büros finden. Mit Wettereinflüssen umzugehen – das wäre vermutlich noch beherrschbar. Doch der nach oben verlagerte Schwerpunkt lässt die Keramik leicht kippen, und die Details sind Ansatzpunkte für mechanische Einflüsse.

Hals, Rüssel und Co. – das Wesentliche finden

Wenn Sie sich Figürlichem intensiver zuwenden, werden Sie ein Gespür für das Wesentliche entwickeln. Bei einer Giraffe ist es selbstverständlich der Hals, der sie zu dem macht, was sie ist. Beim Maulwurf sind es die „Hände", die den Wiedererkennungswert ausmachen. Na, und darüber, woran wir einen Elefanten erkennen, müssen wir sicher nicht lange herumphilosophieren.

Wir werden uns ganz bestimmt nicht mit Ernst Barlach messen wollen. Doch wir sollten uns einmal anschauen, wie sehr dieser große Künstler seine Figuren auf das Wesentliche reduziert hat. Das kann sicher nicht schaden.

Töpfern mit Kindern

Greti war vier, als sie gemeinsam mit Omi diese tollen Stücke töpferte.

Ivo war gerade ein halbes Jahr, als seine Omis die kleinen Patschhände in den Ton drückten. Mami und Papi haben sich riesig gefreut.

Selbst unsere Jüngsten haben Spaß am Töpfern

Natürlich bedarf es zuerst noch unserer Hilfe, und der Fuß- oder Händeabdruck des Kleinstkindes ist sicher mehr das Werk der Eltern oder Großeltern als das des Neugeborenen. Aber schnell, wenn Kinder anfangen, gern im nassen Sand oder mit dem Kuchenteig zu gatschen oder wenn ihnen Kneten Spaß zu machen beginnt, dann können sie sich genauso auch für die Arbeit mit Ton begeistern. Kinderzeichnungen lassen sich ebenso leicht auf (in) Ton bringen wie auf Papier. Hängt ihr Werk dann bei Oma an der Wand, dann sind Stolz und Vorfreude auf das nächste Werk vorprogrammiert. Mit etwas Unterstützung und Geduld können selbst die Kleinsten schon recht komplexe Arbeiten fertigen.

Lotti war sechs, als sie fast ganz allein diesen süßen Schneemann formte.

Benni war gerade einmal drei Jahre, als er seine Mutti mit dieser schönen Keramik überraschte.

Accesoires
für die Fassade

Sternzeichen, Hausnummern, Jahreszahlen – sie geben Ihrem Haus ein Gesicht

Accessoires für die Fassade

Hausnummer Namensschild Wandrelief

Wir können unsere Arbeit mit Löchern versehen, die es ermöglichen, das Relief anzuschrauben. Wir können es aber auch ins Mauerwerk oder in den Putz einarbeiten.

Ganz sicher ist Ihnen so etwas auch schon einmal aufgefallen. Individuell gestaltete Hausnummern oder Namensschilder geben einer Adresse Charme und Profil. Die Fassade kann schlicht und unauffällig sein – wurde die Hausnummer oder das Namensschild getöpfert, dann hat das Ganze was! Stimmt's?

In der Regel handelt es sich um Reliefs, die auf einer einfachen Grundplatte aufgebaut sind. Verzierungen und Schriftzüge heben sich vom Grund der Platte ab.

Es gibt verschiedene Möglichkeiten, diesen Relief-Effekt zu erreichen. Wir können vorgefertigte Formen (beispielsweise aus Sperrholz ausgesägt) unter die Tonplatte legen, so dass diese den Ton nach oben drücken; sich von unten quasi einprägen.

Wir können die Schriftzeichen und Muster aber auch aus Ton vorformen und auf „schlickern". Hierbei ist es wichtig, eine gute Verbindung zu schaffen und Lufteinschlüsse zu vermeiden.

Gestaltungsidee (nicht verwirklicht)

Reliefs im Putz — Bauschäden vermeiden!

Wird Ihr Putz durch eine Armierung verstärkt, empfehlen wir, diese möglichst zu erhalten. Bereiten Sie das Einfügen der Keramik gewissenhaft vor und füllen Sie den Raum zwischen Keramik und Mauerwerk mit einem frostbeständigen Kleber auf.

Praxis Tipp: Jeden Schritt durchdenken

Warnhinweis

Bauschäden vermeiden!

Nebenstehendes Foto zeigt, welchen Wetterextremen Keramiken ausgesetzt sein können, wenn wir sie im Außenbereich platzieren. Ob wir einen Fassadenschmuck direkt in unser Mauerwerk oder in den Putz unseres Hauses integrieren, sollten wir besonders gut durchdenken. Erweisen sich unsere Keramiken nämlich aufgrund von Fertigungsmängeln, ungeeigneter Tone oder Glasuren als nicht wetterbeständig, müssen wir damit rechnen, dass unsere Kunstwerke irgendwann zum Schandfleck werden. Schmelzwasser dringt in Poren und Ritzen ein; es folgt Frost – und irgendwann werden Scherben aus unseren Keramiken herausgesprengt. Für so einen Schaden können Sie niemand verantwortlich machen!

Lieber anschrauben

Sind wir nicht sicher, ob wir ein langlebiges Accessoire hergestellt haben, bleibt uns bei Hausnummern u.d.gl. immerhin die Möglichkeit, auf ein Einarbeiten ins Mauerwerk zu verzichten. Stattdessen schrauben wir die Keramik an.

Kleberauswahl

Beim Einarbeiten ins Mauerwerk dürfen wir nur frostbeständige Kleber verwenden!

Keramik auf Dächern ist „in". Denken Sie aber bitte auch hier an die Sicherheit! Sie werden die Verantwortung übernehmen müssen, falls Ihre Dachhasen, schwarzen oder bunten Katzen, Ihr kleiner Mondsüchtiger – oder was auch immer Sie dort oben platzieren – jemandem auf den Kopf fällt. Ganzflächige Klebeverbindungen mit Bausilikon oder anderen geeigneten Materialien haben sich bewährt. Auch eine wohldurchdachte Platzwahl kann vorbeugen.

! Achtung

Accessoires fürs Haus

Für Keramiken, die wir in der klassischen Aufbautechnik herstellen, benötigen wir immer wieder Tonplatten, die wir uns in ihrer Stärke möglichst gleichmäßig wünschen. Zwei gleich dicke Leisten sind ein gutes Hilfsmittel, um dieses Problem zu lösen.

Praxis Tipp – Jeden Schritt durchdenken

Wenn die Fischgräte recht elegant daher kommt

„Abramakabra" möchte manch einer ausrufen, der neben Nachbars Briefkasten ein Fischskelett – oder noch viel makaberer: ein teuflisches Gerippe – hängen sieht. Doch aus Ton gefertigt, haben solche Hingucker das Eklige oder Schockierende abgestreift. Das Teufelchen bekommt seinen eigenen Unterhaltungswert. Der Fisch sogar knöcherne Eleganz.

Zur Herstellung der Grätenteile eignet sich eine Tonplatte, aus der wir die einzelnen Segmente ausschneiden. Damit sie gemeinsam aufgefädelt werden können, versehen wir die Mittelachse, wie nebenstehend zu erkennen, mit einer zusätzlichen Wandung für die Bandführung. Für den Kopf höhlen wir einen Tonklotz aus und formen diesen entsprechend.

Das Ohrkneiferhaus

 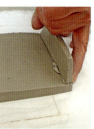    

Beim Verbinden zweier Tonteile sollten beide Kontaktflächen aufgeraut und mit Schlicker versehen werden. Eine zusätzliche Ton„wurst" erhöht die Kontaktfestigkeit.

Praxis Tipp — Jeden Schritt durchdenken

Willkommen, liebe Nützlinge

Über Ohrkneifer (auch Ohrwürmer) erzählen sich die Menschen manchmal die verrücktesten Geschichten. Längst ist bewiesen, dass vieles von dem Unsinn ist und Ohrkneifer eher nützlich als schädlich sind.

Als Schädlinge beurteilen wir sie manchmal, wenn sie sich an unserem Obst zu schaffen machen. Insektenkundler erklären jedoch, dass die possierlichen Krabbeltierchen nur in solche Beeren oder Äpfel gehen, die ohnehin schon geschädigt sind. Ansonsten finden Ohrkneifer, dass Blattläuse viel leckerer sind.

Gern nehmen sie einen Zufluchtsort an, den wir wie nebenstehend beschrieben für sie fertigen, mit Holzwolle füllen und ins Staudenbeet stellen.

Der Blumenblütenwächter

Ein Männlein steht im Blumenbeet

In einfacher Plattenaufbauweise entstand dieser Blumenblütenwächter. Als Standkörper dient ein schlichter Ton-Zylinder. Auf ihn wurde eine weitere Tonplatte als Mantel „aufgewickelt". Der Kopf ist eine hohle Kugel, die über die Halsverbindung eine Öffnung hat. Dadurch kann sich im Brennofen kein gefährlicher Innendruck aufbauen. Mit Details waren wir sparsam, damit die Figur nicht mehr als nötig die Blütenpracht dominiert. Der Hut wurde mittels Epoxidharz angeklebt. Natürlich ist das Männlein auch im Haus-Innern ein Hingucker.

Als Träger eignet sich ein verzinkter Stahl, den wir in einen angebohrten Naturstein mit Epoxidharz einklebten.

Keramik für den Garten

Für unsere Piepmätze
Machen Sie es nicht allzu kompliziert

Hobbykeramiker, die funktionale Gebrauchsgegenstände anfertigen wollen, versuchen sich immer wieder auch an Vogelhäusern. Leider werden diese oft zu kompliziert aufgebaut, so dass sie am Ende nicht ausreichend frostgeschützt sind.

Das Futterhaus, dessen Entstehung wir auf dieser Seite dokumentiert haben, besteht aus einer einzigen Kugel als Grundkörper und Blättern als Dach.

Das Dach könnte theoretisch noch viel einfacher gefertigt werden, indem wir lediglich mit einem Ring eine Traufe (Tropfkante) ansetzen und den oberen Teil beim Glasieren ggf. farblich absetzen.

Beim Blätterdach gilt wieder der Grundsatz: Sauber arbeiten, Hohlräume möglichst vermeiden! So kann der Frost unserem Futterhaus nichts anhaben.

Die Kugel fertigen wir wie auf der Seite 26 beschrieben. Die Öffnungen klappen wir einfach aus, die Schnittstellen versäubern wir.

Nistkasten – und der Flansch an der Keramik

Auch ein Nistkasten benötigt nicht viel Schnickschnack. Ein Deckel mit Tropfkante sichert, dass das Regenwasser vom Grundkörper weggeleitet wird und zudem, dass das Vogelhaus bei Bedarf geöffnet und gereinigt werden kann.

Den Flansch gleich mit antöpfern

Wenn wir Keramiken für unseren Garten anfertigen und von vornherein wissen, wo wir sie später positionieren wollen, dann haben wir die Möglichkeit, gleich den „Anbauflansch" in die Keramik zu integrieren, wie es in diesem Fall geschah. Wir wussten, dass wir den Nistkasten auf einem Garten-Profilholz aufsetzen werden und haben aus diesem Grund ein entsprechendes Passstück als Sockel am eigentlichen Nistkasten angesetzt.

Auch hier wieder der Hinweis, dass die Keramik im Laufe der Herstellung schrumpft und der Ton also entsprechend größer geformt werden muss. Die endgültige Verbindung zwischen Gartenholz und Nistkasten haben wir mit Silikon hergestellt.

Scherbenstrauß und Tonblüten

Was verstehen Sie eigentlich unter „Gartenkeramik"? Wir stellen uns gern mal einen selbst gefertigten Blumentopf auf die Terrasse. Der steht, wenn's draußen schneit, aber genauso gut auch im Wintergarten. Das Windlicht am Teich, der Schneemann auf der Gartenbank – sie alle sind draußen ebenso nett anzuschauen wie drinnen.

Viele Keramiker gestalten sich in ihrem Garten einen Strauß mit kleinen Arbeiten oder sogar mit Bruchstücken, mit Scherben also. Solche Arrangements haben ihren ganz eigenen Reiz. Ein Scherbenstrauß sozusagen.

Anstelle von Bruchstücken können wir natürlich auch direkt etwas für so einen Strauß töpfern. Warum nicht gleich Blumenblüten? (Seite 74)

Saatmarkiertafeln

Wie wir Pflanzenmuster auf unsere Keramiken übertragen können, wird ausführlich ab Seite 52 beschrieben.

Die Strukturen und Konturen von geeigneten Kräutern und Gräsern lassen sich vielfältig als Dekor verwenden.

Jeden Schritt durchdenken — Praxis Tipp

Was läuft wo auf?

Diese Übung gehört zu den leichtesten. Eine Tonplatte, die wir spitz anschneiden und beschriften – und schon haben wir einen Hingucker, der auch noch Sinn macht und daran erinnert, was wir wo gesät haben.

Saatmarkiertafeln können wir auf sehr verschiedene Weise fertigen. Neben der einfachen Tonplatte wie auf diesen Seiten, können wir beispielsweise auch einen Pflanzstock zum Vorbild nehmen; einen spitzen Trägerstab mit einem aufrechtstehenden oder einem aufliegenden Schild versehen.

Als dekoratives Element rollern wir die Struktur der Saat, die wir markieren wollen – oder irgend ein anderes Kraut – in die Markiertafel ein. Dazu legen wir das Blatt oder das Kraut mit der stark gemaserten Unterseite auf den feuchten Ton und rollern es unter maßvollem Druck mit einer Küchenrolle ein.

Gießformen selbst herstellen

Sperrholz als Schalung

Die Mitte der Form sollte korrekt ermittelt werden

Ungünstige Einbuchtungen mit Ton verfüllen

Gießformen herstellen

Zum Nachbauen von Formen eignet sich das Gießverfahren. Den speziellen Gießton erhalten wir im Fachhandel. Zweiteilige Gießformen aus Gips fertigen wir im hier gezeigten Verfahren. Für die erste Formhälfte schaffen wir einen Unterbau aus Ton, in den die Form genau bis zur Mitte hineinreicht. Dazu legen wir auf den groben Unterbau eine Tonplatte, die wir den Konturen unserer Form anpassen und die die gesamte Einschalung (günstig ist Sperrholz) ausfüllt. Wichtig: Den Kontaktbereich zur Form korrekt ausarbeiten! Für das spätere Einfüllloch legen wir ein etwa ein Zentimeter starkes Röhrchen mittig auf den Kopf der Form. Anschließend füllen wir dünnflüssigen, gut durchgearbeiteten Gips auf. Sobald wir die Schalung entfernen können, drehen wir die Formhälfte um und schaben mit einer Münze Passschlösser in den Gips. Bevor wir den Gips für die zweite Formhälfte einfüllen, bestreichen wir die erste Formhälfte mit Flüssigseife als Trennmittel.

Das spätere Einfüllloch

Mit dem Euro ein Passschloss schaben

Sie mögen auf den ersten Blick nicht sehr sinnvoll erscheinen. Doch Glas- oder Keramikkugeln im Garten scheinen vielen zu gefallen. Die Industrie hat dies erkannt und füllt ganze Baumärkte damit. Wir können sie uns aber auch selbst fertigen.

Wissenswertes Tipps, Tricks, Grundsätzliches

Tonrest wird zum Accessoire

Oft bleiben mehr oder weniger geringe Tonmengen übrig. Sie wieder dem frischen Tonvorrat zuzufügen, ist nicht immer unproblematisch, weil insbesondere kleine Teile schnell trocknen und dann wie Fremdkörper in frischem Ton wirken. Ein kleines Blatt ist aber immer schnell gemacht, und ein kleiner Tonblättervorrat ist eine interessante Ergänzung Ihrer Geschenkpapier- und Schleifenbandsammlung.

Luft muss raus

Vermeiden Sie beim Bearbeiten von Ton Lufteinschlüsse. Sie sind der Feind jeder Keramik und bringen Ihre Arbeit beim Brennen zur Explosion. Beabsichtigte Hohlräume müssen ein Loch haben, aus dem die Luft entweichen kann.

Langsam trocknen

Geduld gehört zum Handwerk. Langsames Trocknen vermeidet vor allem Spannungen zwischen filigranen und gröberen Teilen Ihrer Keramik. Stellen Sie Ihre Arbeit nicht auf die Heizung. Decken Sie sie u.U. mit Folie ab.

Scharfe Kanten brechen

Achten Sie darauf, dass Ihre Arbeiten keine scharfen Kanten behalten. Diese könnten Möbel, auf denen die Keramik aufgestellt wird, zerkratzen oder sogar zu Verletzungen führen. Ton und Glasur lassen sich mit Schleifwerkzeugen entgraten.

Filzgleiter zur Sicherheit

Tausendfach bewährt haben sich selbstklebende Filzgleiter aus dem Baufachmarkt. Schützen Sie Ihre Möbel, auf denen Ihre Werke Platz finden sollen, indem Sie Ihre Keramik auf der Standfläche mit Filzgleitern versehen.

Das Auge isst mit

Nützliches und Schönes für Küche und Wohnbereich

Ob für den täglichen Gebrauch oder zur Dekoration – vieles von dem, was wir als Handelsware in unserem Haushalt haben, können wir auch selbst herstellen

Eierbecher – auch für Zweieieresser

Darf's ein Ei mehr sein?

Vielleicht ist es Ihnen auch schon einmal aufgefallen: Eierbecher scheinen zum Grundsortiment fast jeden Keramikers zu gehören, der auf Kunsthandwerkermärkten ausstellt. Und solche Eierbecher verkaufen sich auch gut. Viele Leute mögen sie.

Kein Wunder, denn auf dem Frühstückstisch sorgt ein originelles Teil immer für gute Laune am Morgen – oder zu Mittag; je nachdem, wann man frühstückt.

Eierbecher sind zwar in ihrer Grundform vorgegeben, aber dennoch in unendlich vielen Variationen denkbar, wie diese beiden Seiten zeigen. Sie können auf großen Füßen stehen, gediegen geformt sein. Oder aber rustikal und eher „windschief" daher kommen.

Diese Kollektion entstand in einer Freihand-Sitzung.

Durch Schleifen wurden sie einigermaßen in Form gebracht.

Die Freihandkanne

Freihandkanne

Kannen werden oft in der Gießtechnik hergestellt. Mit etwas Mut und einer Portion Experimentierfreude können wir sie aber auch freihand formen.

Eine Kugel (Seite 26) als Ausgangsform ist eine gute Basis. Henkel und Tülle werden angesetzt, der Deckel ausgeschnitten. Kleiner Tipp: Versehen Sie Gießnase bzw. Tülle mit einer kleinen Tropfkante (Schnaupe).

Das Chilischoten- und das Chilischotenfächerschälchen

Eine Frucht als Vorbild für ein Gefäß – so wird die Tafel noch bunter: Für Dips und Gewürze aller Art eignet sich immer das Chilischotenfächerschälchen. Es lässt sich leicht freihand fertigen.

Die Blumenvasenschale

Tischdeko-blumenvasen-schale

Unsere Blumenvasenschalen vereinen interessantes Dekor mit einer guten Möglichkeit des Blumenarrangements sowie guter Versorgung mit Wasser und Nährstoffen.

Zunächst fertigen Sie in Einreibetechnik eine Schale als Grundkörper. Diese decken Sie mit einer Tonplatte ab. Beides wird schlüssig miteinander verbunden.

Es gibt mehrere Möglichkeiten, die Oberseite mit einer kleinen Wölbung zu versehen. Eine davon ist das Ausfüttern mit Zeitungspapier während des Trocknens. Eingeschnittene Muster geben der Vasenschale ihr Gesicht.

Die Löcher im Blumenhalte-klotz müssen durchgängig sein. Die Unterseite des Klotzes benötigt Rillen, damit das Wasser seinen Weg zu den Blumenstengeln findet.

Blumenübertöpfe

Nehmen wir Blätter als Vorlage, ist es besonders wichtig, die Pflanzenfasern gänzlich zu entfernen, bevor wir Einzelteile übereinander legen.

Fischtopf – diesmal nicht als Vorsuppe
Blumenübertöpfe

Übertöpfe werten jede Blumenbank noch einmal zusätzlich auf. Übertöpfe können in einfachster Aufbautechnik gefertigt werden, indem wir auf eine runde Grundplatte eine schlichte Wand stellen. Wir können in diese Wand aber auch viel Fantasie stecken. Nahezu alle Motive lassen sich im Blumenübertopf verewigen.

Die beiden Beispiele auf dieser Seite veranschaulichen zwei Möglichkeiten. Wichtig ist, dass die Einzelteile ganzflächig miteinander „verklebt" werden. Verwenden wir, wie hier gezeigt, Blätter, so sollten wir darauf achten, dass keine Pflanzenreste mit eingeklebt werden.

Keramik für die Schmuckecke im Raum

Für Ofensims und Fensterbrett

Wir alle haben in unserer Wohnung eine Stelle, die wir gern besonders liebevoll dekorieren. Zu Festtagen – oder auch für zwischendurch. Eine Stelle, an die wir gern die Blumen stellen, die wir uns zum Geburtstag schenken lassen; an der wir unseren Osterschmuck aufbauen oder die Nüsse mit dem Nussknacker platzieren, wenn es wieder auf Heiligabend zugeht.

Der Begriff „Fensterbrett" in diesem Abschnitt soll stellvertretend für solche Dekorationsplätze stehen. Es kann auch der Kamin, das Wandregal oder der Rand der Badewanne sein, die wir mit „Fensterbrettkeramik" schmücken.

Auf den folgenden Seiten zeigen wir Anregungen für keramischen Festtagsschmuck – und für eben solche Fensterbretter, die gar keine Fensterbretter sein müssen.

Die Herstellung dieses Seifenschälchens erklärt sich selbst. Zu beachten sind die Ablaufmöglichkeiten für das Wasser. Als Basis diente uns eine knapp ein Zentimeter starke Tonplatte.

Figuren fürs Oster- und fürs Weihnachtsfest ... und Klappersteine

Diese Gnuffies kommen bei Kindern gut an. Wir nennen sie „Klappersteine", denn es handelt sich um Hohlkörper (Kugeln, siehe Seite 26), in die kleine trockene Tonklumpen eingelegt wurden (Vorsicht, sie dürfen beim Verschließen der Kugel nicht an dieser kleben bleiben) und die beim Schütteln halt klappern.

Lämmer und Küken

Osterhasen, Osterlämmer, Osterküken. Mittels zwei Tonkugeln, ein wenig Fantasie und ein paar Zubehörteilen fertigen wir die zur Jahreszeit passenden Figuren für unsere Schmuckecken. Haben wir Kinder im Haus, werden diese freundlich auf das eingestimmt, was die Figuren verkörpern.

In der Regel fügen wir als Körper und Kopf zwei Kugeln zusammen. Bei der geschlossenen Kugel müssen wir immer darauf achten, dass sie ein Loch hat, aus der die heiße Luft beim Brennprozess entweichen kann. Platz für dieses Loch bietet die Unterseite der Hauptkugel. Den Innenraum von Kopf und Körper können wir im Halsbereich, der beide Kugeln zusammenhält, durch einen Luftkanal verbinden.

Der Hase und sein Hasi

Auch diese beiden Hasen sind hohl. Die Grundkörper werden aus einem Tonstück vorgeformt. Weil sie aber zu dick sind, um im Ganzen gebrannt zu werden, haben wir sie – in diesem Fall mit einem Holzkellenstiel – über die Längstachse durchbohrt. Der Kopf geht jeweils auf eine kleine Kugel zurück. Ohren, Arme, Füße und Accessoires sind nachträglich angesetzt.

Die Gießform gehört eigentlich nicht in den Bereich der Aufbautechnik. Wir können Kugeln grundsätzlich freihand formen. Doch die Schönheit eines Eies wird nicht zuletzt durch die Perfektion der Form erreicht. Der Handel bietet unzählige Gieß-, darunter auch Ei-Formen an – ein- und zweiteilige. Für diese Technik benötigen wir einen speziellen Gießton.

Praxis Tipp — Jeden Schritt durchdenken

Unecht, aber echt schön

Das Keramik-Ei ist inzwischen so weit verbreitet, dass es eigentlich ein eigenes Kapitel verdient. Überall, wo wir zu Ostern bemalte Hühnereier finden, versteckt im Nest oder ausgeblasen am Frühlingsstrauß, kann es das Keramik-Ei mit seinem Vorbild aufnehmen. Vielfach hat es im Vergleich der Attraktivität sogar die Nase vorn. Selbst das gute alte zweiteilige Papp-Ei, das geöffnet werden kann und allerlei Kleinigkeiten preisgibt, ist in seiner Keramik-Variante viel schöner.

Der Gestaltungsmöglichkeiten sind keine Grenzen gesetzt. Ob in der Tonfarbe belassen, die Muster nur mit Oxiden hervorgehoben oder mehrfarbig, ob „geschnitzt" oder mit Schnörkeln versehen – mit Keramik-Ostereiern landen Sie bei Ihren Lieben garantiert einen Volltreffer.

Ostereier

Dies ist die Gelegenheit, eine Gestaltungsmöglichkeit etwas näher zu beschreiben. Im Regelfall haben wir alle Keramiken, die in diesem Buch eine Rolle spielen, mittels einer Glasur farbig gestaltet. Viele der Eier zeigen, dass dies gar nicht immer von Vorteil ist. Heller wie dunkler Ton wirkt in vielen Fällen auch ohne eine zusätzliche Farbgebung. Muster, Poren oder Risse, die wir hervorheben wollen, zeichnen wir beispielsweise vor dem zweiten Brand mit einem Oxid nach. Hellen Ton glasieren wir am besten anschließend farblos.

Weihnachts- und Winterkeramik für uns und unsere Lieben

So viel Heimlichkeit ...

Es ist kein Geheimnis: Im Winter wird mehr getöpfert als im Sommer. Und wer nach der Sommerpause schon an Weihnachten denkt, liegt beim Töpfern gar nicht mal so falsch. Alles braucht seine Zeit, und besonders, wer sich einer Töpfergemeinschaft angeschlossen hat, weiß, dass Formen, Trocknen, Schrühbrand, Glasieren und Glasurbrand mehr als nur einen Abend benötigen.

Weihnachtskeramik kann uns selbst erfreuen, kann aber auch das ultimative Weihnachtsgeschenk sein. Sie wirkt auf unserem Fensterbrett genauso anheimelnd wie auf dem unserer Freunde.

Die (Windlicht)-Kugel und die Glocken auf dieser Seite entstanden in Gießtechnik. Entsprechende Formen bietet der Handel. Mit etwas Übung gelingen sie aber auch freihand.

Das Lebkuchenhaus – einmal nicht zum Reinbeißen

Zum Weihnachtsfest gehört für viele traditionell das Lebkuchenhaus. Etwas abgewandelt und aus Keramik, können wir dies auch als Windlicht oder einfach nur als schönes Einzelstück in unser Weihnachtsschmuck-Ensemble stellen.

Die hier gezeigten Exemplare basieren auf einfacher Platten-Aufbautechnik beziehungsweise auf einer gegossenen Kugel als Grundkörper.

Die Aufbauten auf den Kugeln sind ebenfalls Platten-Aufbautechnik-Konstruktionen. Der bauschige Schnee erhält seine besondere Oberflächenstruktur, indem wir Schlicker auftupfen.

... ach ja! Der Leuchtturm

Er taucht in diesem Buch mehrfach auf. Seine Herstellung zu beschreiben ist ein bisschen wie Eulen nach Athen tragen. Alle Exemplare sind in Plattenaufbautechnik entstanden, die Einzelteile entsprechen seiner sichtbaren Gliederung. Sinnvoll ist es, für die Einzelteile Hilfsmittel zu nutzen; insbesondere, wenn Rundes rund werden soll.

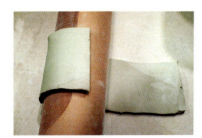

Weitere Freizeitliteratur bei Treder und Treder

Dieses Büchlein ist ein idealer Begleiter für Einsteiger und für Fortgeschrittene, die sich die hier beschriebenen Techniken erschließen wollen.
Softcover:
12,90 €; ISBN 978-3-00-027391-9

Diese Publikation zeigt in vier Themenkomplexen auf, wie Formen und Strukturen aus der Natur auf Keramiken übertragen werden können.
Softcover:
12,90 €; ISBN 978-3-00-029436-5

In diesem Buch findet der Hobby-Töpfer Anregungen für allerlei Nützliches und Witziges, das sein Wohn- und Lebensumfeld schöner und interessanter macht.
Softcover:
12,90 €; ISBN 978-3-00-029437-2

Kugeln, Eier, Röhren. Runde und rundliche Formen faszinieren den Keramiker auf besondere Weise. Auch ohne Töpferscheibe lassen sich wunderschöne Ideen verwirklichen.
Hardcover:
20,90 €; ISBN 978-3-943642-86-5
Softcover:
18,50 €; ISBN 978-3-943642-96-4

Väter und Großväter, die ihren Kindheitstraum noch einmal ausleben wollen, kommen an dieser Publikation eigentlich nicht vorbei. Sie enthält Anregungen für Baum- und Stelzenhäuser, die durchaus nachbaubar sind.

Softcover:
12,90 €; ISBN 978-3-943642-91-9

Dieses Buch möchte Mut machen, sich den eigenen Modewünschen mit der Nähmaschine zu nähern. Behandelt werden darin drei spannende Näh-Themen: Tasche, Rock, Jeans.

Softcover:
12,90 €; ISBN 978-3-943642-98-8